TITAMBIRE MWANA VANGU!

Welcome to the World Baby

Na'ima bint Robert
Illustrated by Derek Brazell

Shona translation by Derek Agere

Muvhuro mangwanani, Tariq akauya kuchikoro achisekera chose. "Pfembera, pfembera?" akadaro. "Ndakamuka musi weMugovera ndikaona munin'ina vangu ari pamubhedha va amai!"

On Monday morning, Tariq came to school with a huge smile on his face. "Guess what, everyone?" he cried. "I woke up on Saturday and my new baby brother was in my mum's bed!"

Vana vaifara. Vainge vaona dumbu ra Mai Tariq richikura zuva nezuva. Vaimirira zuva guru raizobarwa mwana.

The children were excited. They had seen Tariq's mum getting bigger and bigger and bigger. They had been waiting for the big day.

"Chii chiri mubhegi, Tariq?" akabvunza mudzidzisi wake, Muzvare Smith.
"Mai vangu vandipa zvinanazi izvi kuti tigovanire. Tinopa mwana anenge azvarwa kanhindi ke chinanazi, chikafu chekutanga chavanoraira."

"What's in the bag, Tariq?" asked his teacher, Miss Smith.
"My mum gave me these dates to share with everyone. We give a new baby a soft piece of date, the first thing they will ever taste."

Vana vese vakadya chinanazi.

Hmmm, yainge ichitapira nekupfava.

The children all had a date.

Hmmm, it tasted sweet and smooth.

Vana vainge vachidzidza nezve masense mashanu kuchikoro ndokubva vaziva nezve, kuraira, kubata, kuona, kunzwa nekufemedza.

The children had been learning about the five senses in school and they all knew about tasting, touching, seeing, hearing and smelling.

"Vangani venyu vaita mwana mucheche musikana kana mukomana mazuva apera?" akabvunza Muzvare Smith.
Maoko akawanda akasimuka.

"How many of you have had a new baby brother or sister recently?" asked Miss Smith.
Quite a few hands shot up.

"Munga zobvunza vabereki venyu kuti munotambira sei vana vacheche mumhuri dzenyu? Kana motiigira zvinhu nemusi veChishanu ne kuzotiudza nezvazvo," akadaro Muzvare Smith.

"Can you ask your parents how you welcome new babies in your family? Maybe you can all bring something in on Friday and tell us about it," said Miss Smith.

"Tingaunze chero zvinhu?" akabvunza Ben.

"Hongu, Ben. Chese chaunoda, chero zviinemafive senses!"

"Can we bring anything?" asked Ben.
"Yes, Ben. Anything you like, as long as it's to do
with the five senses!"

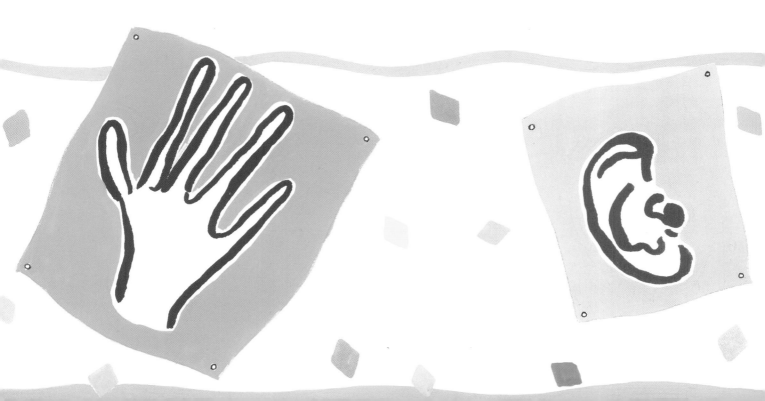

Musi weChishanu, vana vese vakauya
kuchikoro ne zvinhu zvakasiyana siyana.
Muzvare Smith akavagarisa mudenderedzwa.
"Inzwai vana," akatanga kutaura. "Vazhinji
vedu vanoziva kuti chinhu chakanaka sei kuva
nemwana mutsva mumhuri. Kune munhu vose
inguva yekufara nekupembera. Ngatidzidzei kuti
zvakamira sei kana uri mwana mucheche."

On Friday, all the children came to school with something extra special.
Miss Smith sat them down in a circle.
"Now children," she began. "Many of us know how wonderful it is to have
a new baby in the family. For everyone it's a time of great joy and
celebration. Let's find out what it's like to be a new baby in
each other's homes."

"Saka, An-Mei, zvi zvamunoita kana mwana mucheche azvarwa mumba menyu?" akabvunza mudzidzisi.
An-Mei akaburitsa zai, kazai kadukuduku, kane pendi tsvuku.

"So, An-Mei, what happens when a new baby is born in your house?" she asked.
Very carefully An-Mei brought out an egg, a little egg, painted red.

"Aya mazai akapuwa nababa naamai sezvipo kune hama neshamwari. Yakapendwa tsvuku, zvichiratidza zvikomborero. Zai rinomirira kuberekwa, hupenyu nekukura. Bata nemaoko," akadaro, achipa kuna Brian.

"This is one of the eggs that my mum and dad gave as gifts to our family and friends. It is painted red, the colour of good luck. The egg stands for birth, life and growth. Touch it with your hands," she said, passing it to Brian.

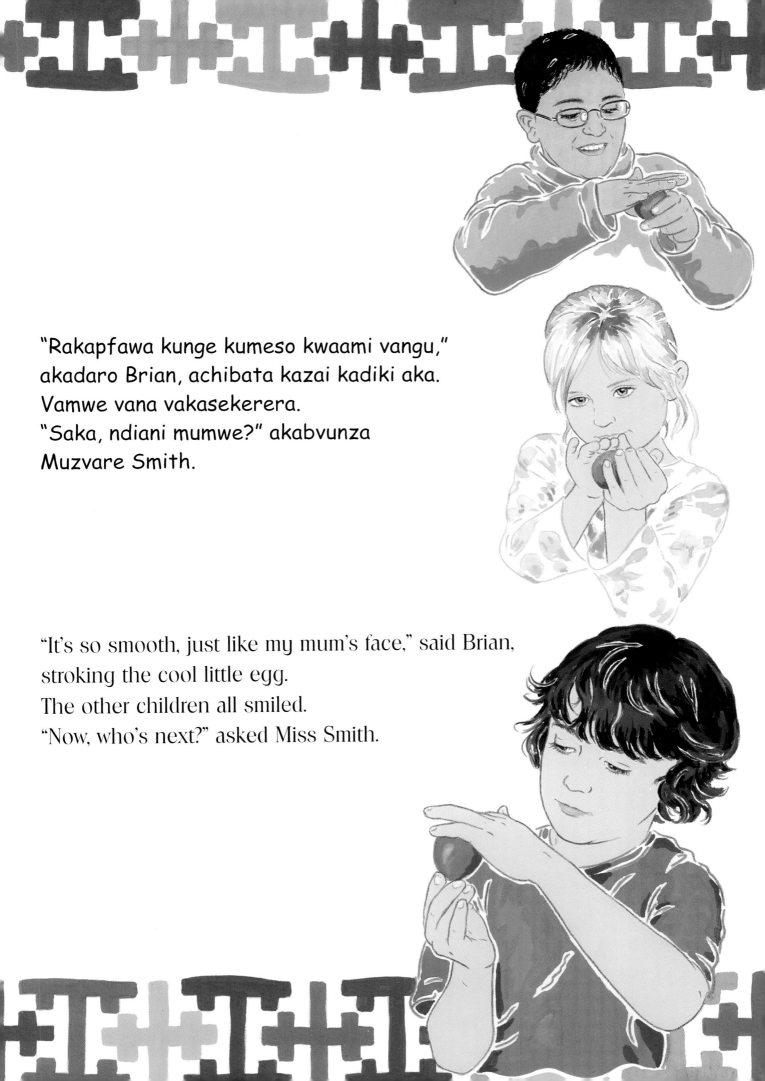

"Rakapfawa kunge kumeso kwaami vangu,"
akadaro Brian, achibata kazai kadiki aka.
Vamwe vana vakasekerera.
"Saka, ndiani mumwe?" akabvunza
Muzvare Smith.

"It's so smooth, just like my mum's face," said Brian,
stroking the cool little egg.
The other children all smiled.
"Now, who's next?" asked Miss Smith.

Zvishoma nezvishoma, Saida akavhura katsamba kachena ndokutora tubvudzi, twakasungwa ne kachira kachena.

Slowly, Saida opened a small white envelope and took out a lock of hair, a lock of curly dark hair, tied with a white ribbon.

"Iri ndiro bvudzi rekutanga re munin'ina vangu rakachengetwa apo Amma na Abba vakagera musoro ve munin'ina vangu, apo aine mazuva manomwe."
"Sei?" akabvunza Ben.
"Kuti vagozori endesa kuna jewellers kuti ri iswe pachikero. Uremo vacho vakapa irindarama kune varombo," akadaro Saida.

"This is some of my baby brother's first hair that was kept after Amma and Abba shaved my brother's head, when he was only seven days old."
"Why?" asked Ben.
"So that they could take it to the jewellers and weigh it. Then they gave its weight in silver to help the poor," said Saida.

Akapa bvudzi kuna Caroline. "Nyatso bata nezvigumwe," akadaro. "Bvudzi rekutanga re munin'ina vangu…"
"Rakapfava uye ariremi," Caroline akadaro, achibata bvudzi iri.

She passed it to Caroline. "Feel it with your fingers," she said. "My baby brother's first hair…"
"It's so light and soft," Caroline said, stroking the little curl.

Yakazosvika nguva ya Dimitri.
Akavhura kabokisi.
Maiva nemari yendarama nendurumo,
ichipenya.

Next it was Dimitri's turn. He opened a small box.
In it were coins, gold and silver coins,
shining in the dark box.

"Mari iyi yakapiwa ne hama ne shamwari apo ndakazvarwa kuti iunze zvikomborero," akadaro achipa kabokisi aka kuna Raj.

"These coins were given by my family and friends when I was born, to bring good fortune," he said and passed the box to Raj.

"Zunza kabokisi uterere manzi inobuda ipapo."
"Inoti kwechere-kwechere!" akadaro Raj, achiterera
kabokisi aka panzeve yake.

"Shake the box and listen to the sound the coins make."
"It jingle-jangles!" cried Raj, putting his ear close to the box.

Nadia akataura, achinyarira.
"Muzvare," akadaro, "Ndine zvandirikuda kuratidza."
Akasimudza bhegi ndokubva atora juzi, rakakura rinodziya.

Nadia spoke up, shyly.
"Miss," she said, "I've got something."
She picked up a bag and pulled out
a jumper, a big warm jumper that looked
as though it had seen a lot of love.

"Ijuzi rababa vangu," akadaro. "Panda kazvarwa,
Ndakaputirwa mujuzi, ndikapiwa mazita matatu."

"This is my dad's jumper," she said. "When I was born, I was
wrapped in it, and given three special names."

Akaratidza Sara.
"Vhara maziso urinhuwidze," akataura
zvinyoro nyoro. "Rino nhuwirira
zvakasimba sa baba wangu."

She passed it to Sara.
"Close your eyes and smell it," she
whispered. "It smells strong and safe
like my dad."

Sara akavhara maziso ake ndokunhuwidzawo.
"Hmmm, irikunhuwirira mucheche!"

Sara closed her eyes and breathed in deeply.
"Hmmm," she sighed, "what a lovely smell
for a newborn baby!"

Yenge yanguva ya Elima.
Kubva mubhegi make, akaburitsa shizha, kashizha kadiki.
"Panadakabarwa, Ndakapiwa izvi," akadaro. "Raira unzwe."
Akaitswinya ndokubva muto vadonhera muzvigunwe zva Mona.

Finally it was Elima's turn.
From his bag, he brought out a leaf, a small aloe leaf.
"When I was born, I was given some of this," he said. "Taste it."
He squeezed it and some juice fell onto Mona's fingers.

Akaraira. "Urghh! Inovava," akadaro achipukuta
muromo vake.

Eagerly she tasted it. "Urghh! It's *so* bitter," she cried,
wiping her mouth.

"Zvinodzidzisa mwana kuti hupenyu hunogona kuvava, asi..." akadaro, achiburitsa poto izere huchi, "hunogona kutapirawo!"

"That is to teach the baby that life can be bitter, but..." he said, bringing out a little pot of honey, "it can also be sweet!"

Mona akakasika kunyautsa mukanwa
ne chipunu chehuchi.

Mona was quick to get rid of the aloe taste with
a spoonful of delicious honey.

"Mudzidzisi," akadaidza Kwesi, "tasenzesa pfungwa dzedu dzose, ndizvo?"
"Ndizvozvo, Kwesi," akadaro Mudzidzisi Smith, achisekerera.

"Miss!" cried Kwesi, "we've used all of our senses, haven't we?"
"That's right, Kwesi," said Miss Smith, with a huge smile on her face.

"Maita zvakanaka, mese! Semubairo, tese tichaita mutambo we
Five Senses kupera kwe term."
"Hooray!" vakashaura.
"Uyezve," akadaro Mudzidzisi Smith, "tichange tiine muenzi."
Vakatanga kufunga kuti ndiyani muyenzi uyu.

"Well done, all of you! As a special treat, we'll have a Five Senses party
at the end of term."
"Hooray!" they all cheered.
"And," said Miss Smith, "we'll have a surprise visitor."
They all wondered who that could be.

Pazuva rekupedzesera kwegore, apo vana vechikoro vachipembera mutambo vavo ve Five Senses, paiva nemhunhu aigogodza pagoni. "Angeva ani iyeye?" akabvunza Mudzidzisi Smith achisekerera.

On the last day of term, while the children were enjoying their special Five Senses party, there was a knock at the door.
"Who can that be?" asked Miss Smith with a big smile.

Zvinyoro nyoro goni rakavhurika.
Vaiva Mai Tariq vaine mwana vavo mucheche!
Vana vese vakapururudza.
"Titambire, mwana, vauya panyika!" vakaimba vana.

Slowly the door opened.
It was Tariq's mum with...the new baby!
The children cheered.
'Welcome to the world, baby, welcome to
the world!' they all sang.

Mai va Tariq ne munin'ina vake vakapinda ndoku pemberavo
mutambo uyu.
Unoziva, mwana uyu akatambirwa zvakanaka!

Tariq's mum and his new baby brother came and joined the party.
And do you know, it was the nicest welcome any baby had ever had!